I0507183

BONUS!

FREE Bonus Coloring Pages

www.AmazingColorArt.com/bonus

Images in this Book

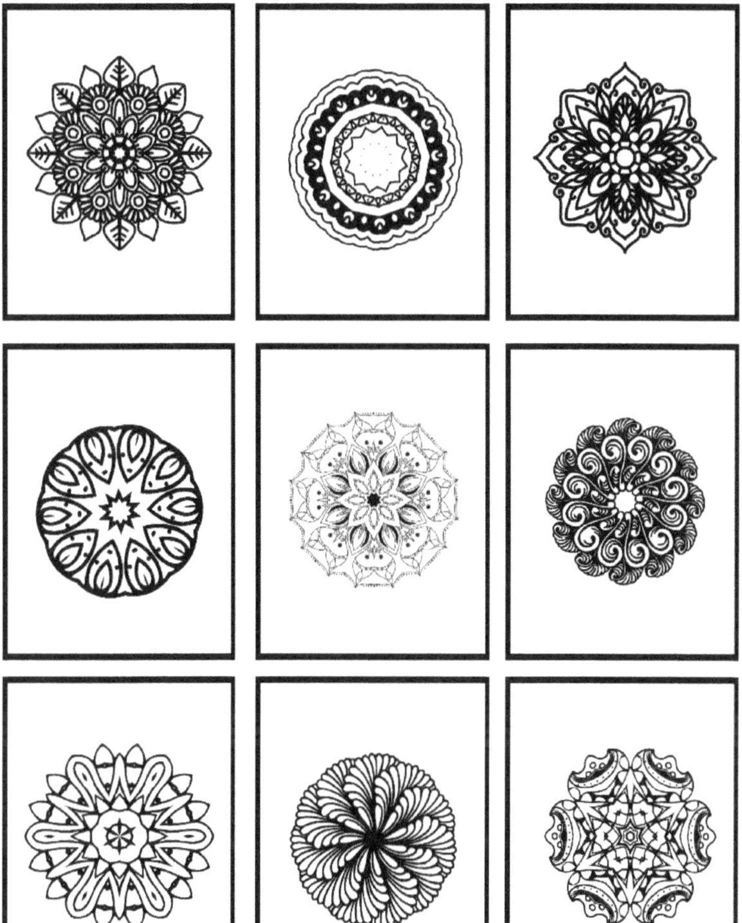

and much more!

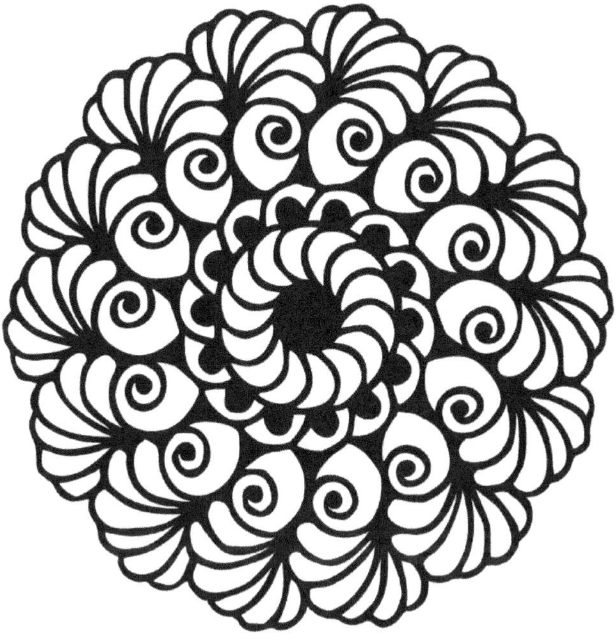

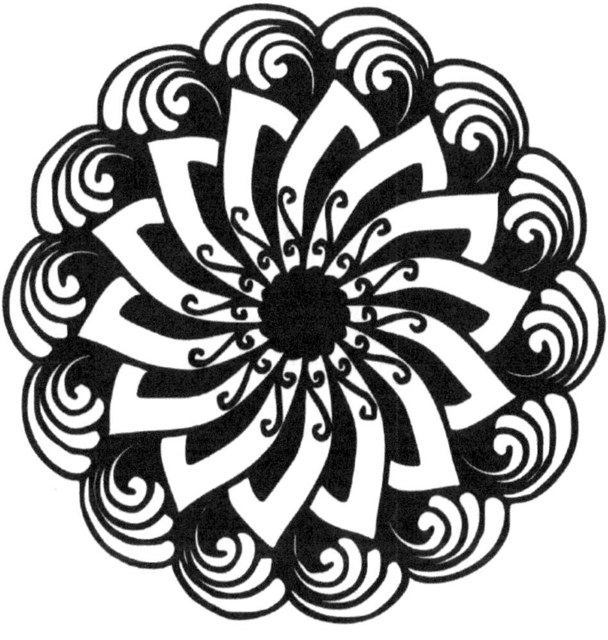

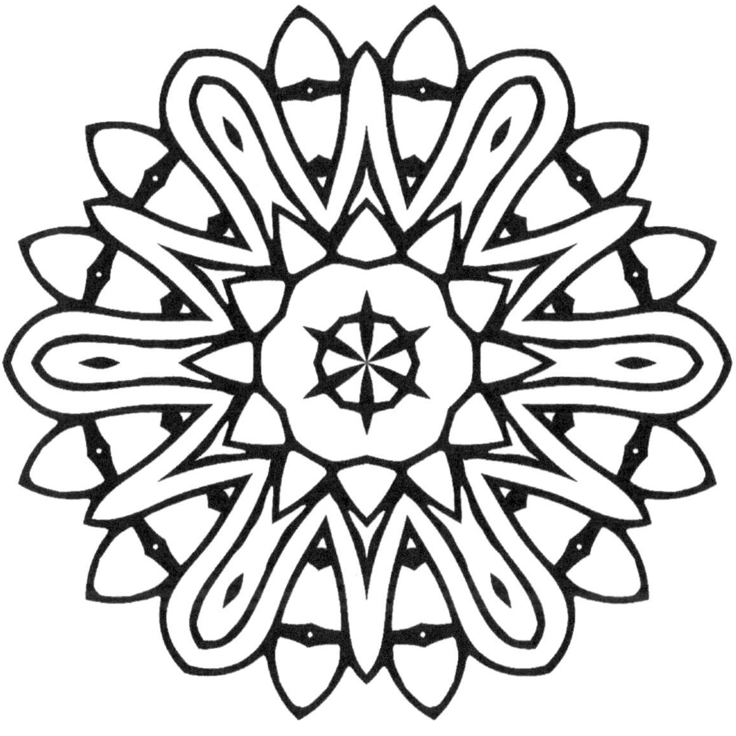

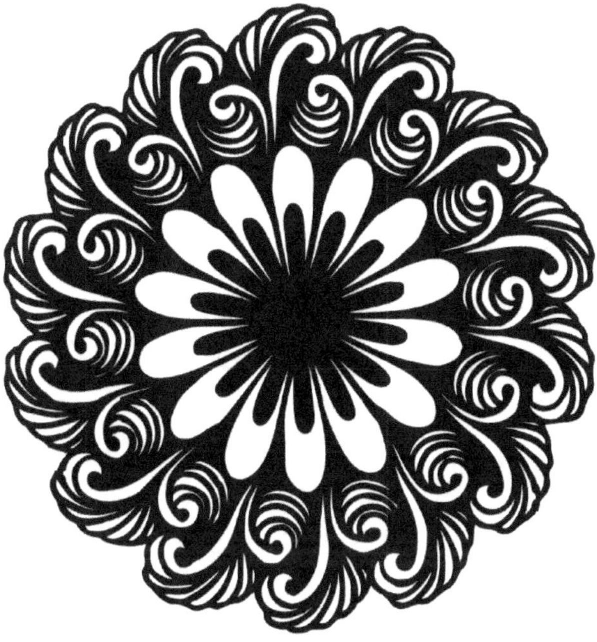

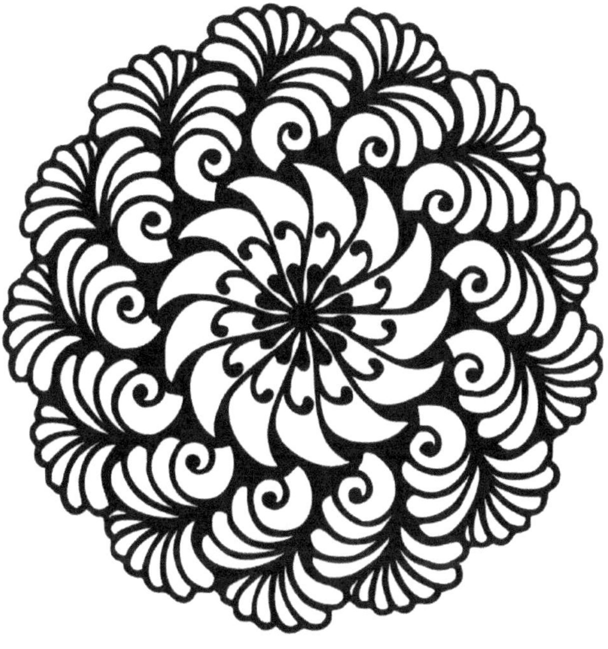

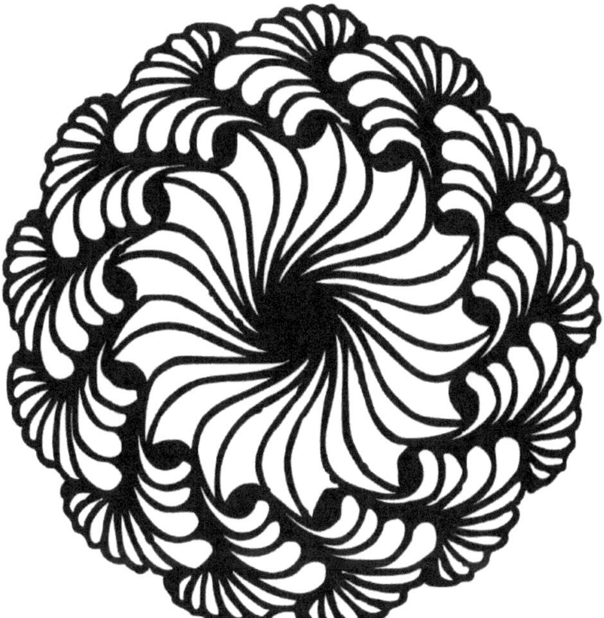

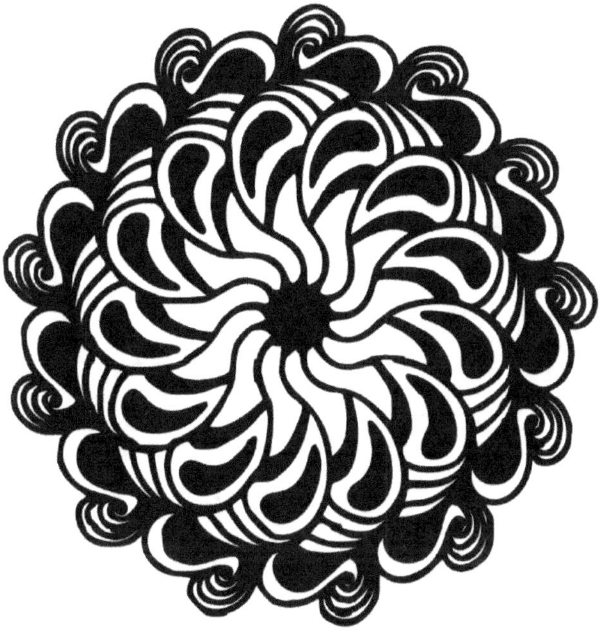

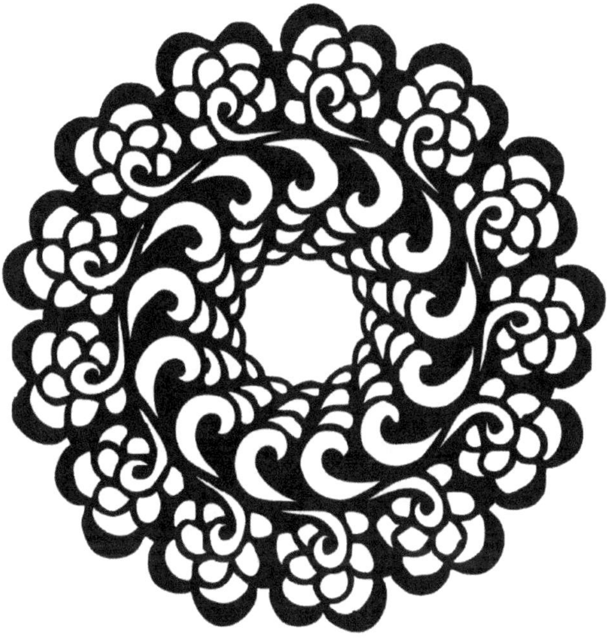

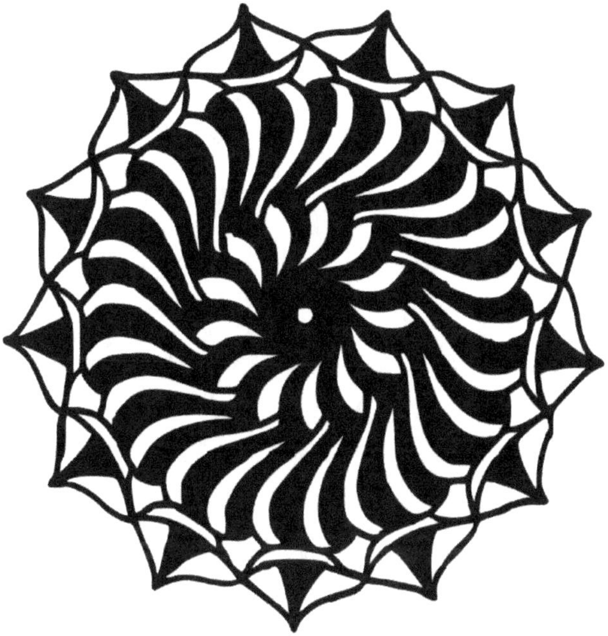

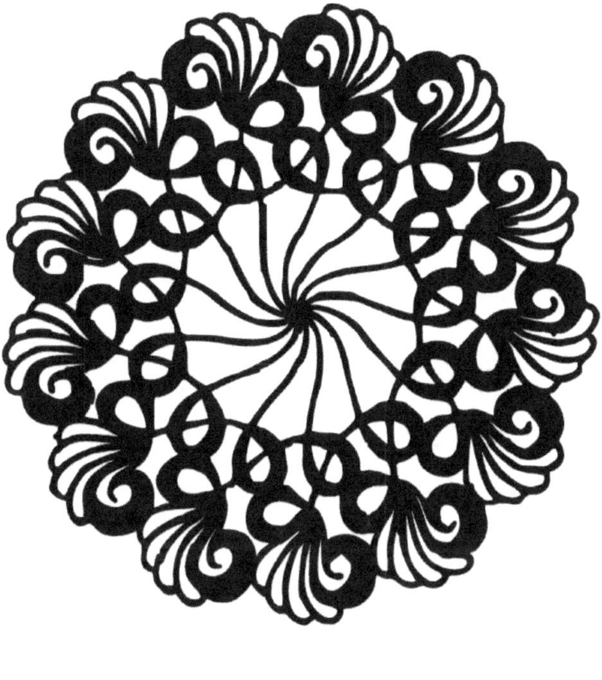

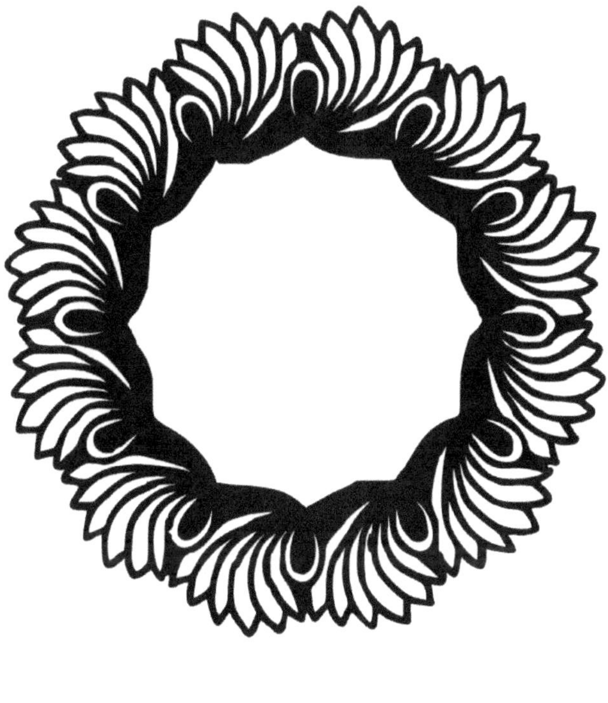

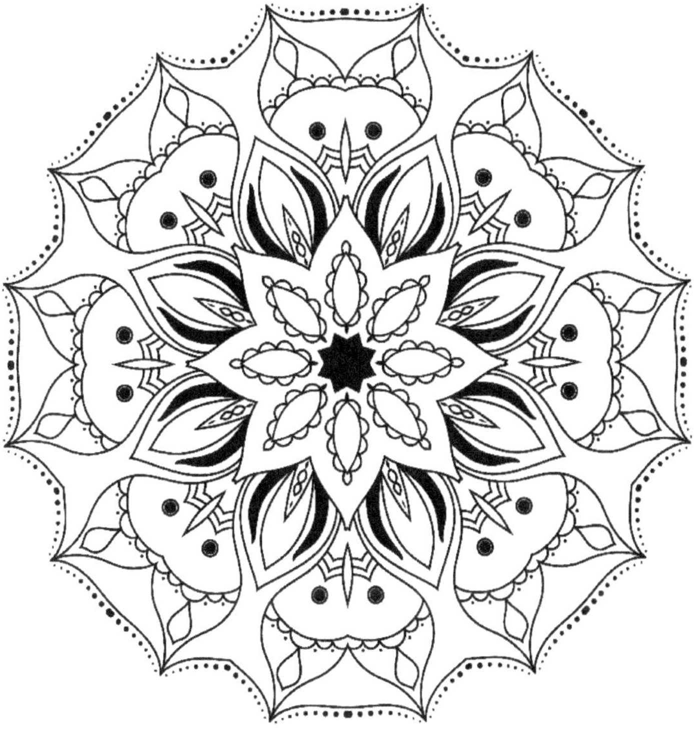

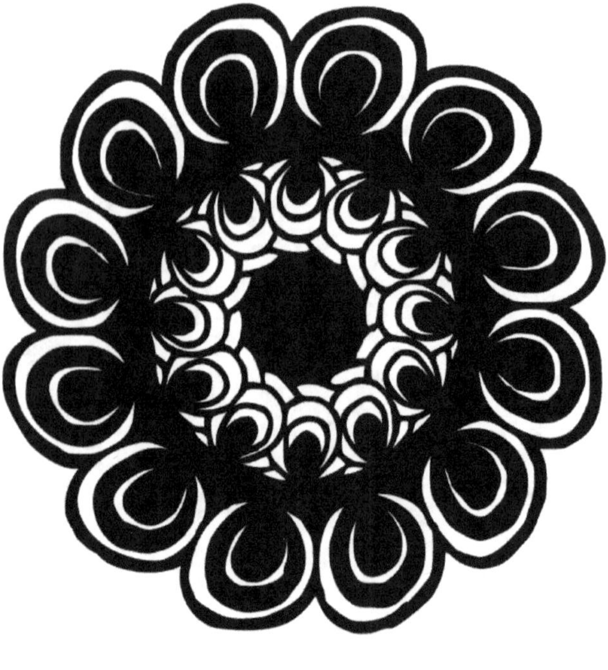

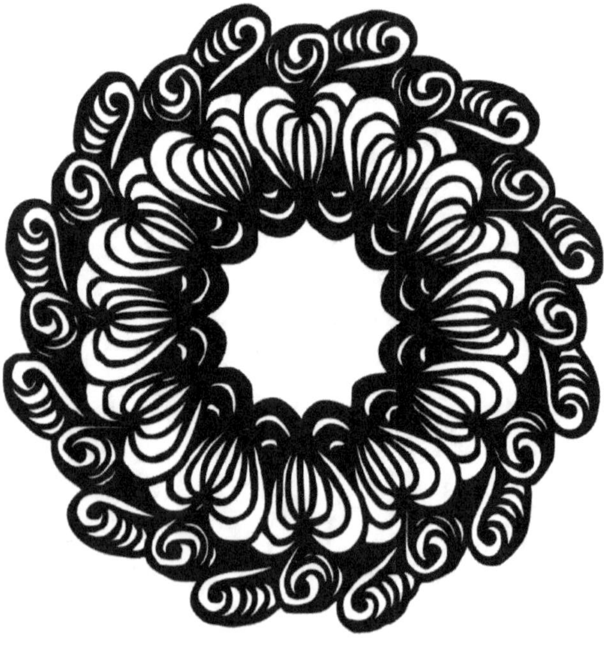

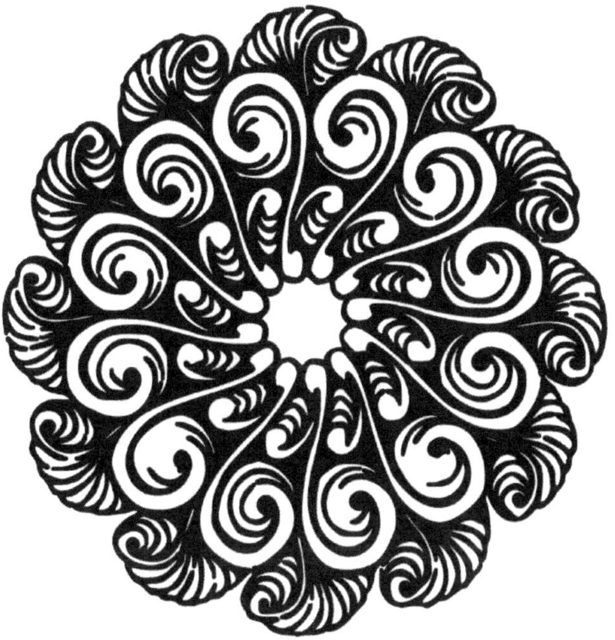

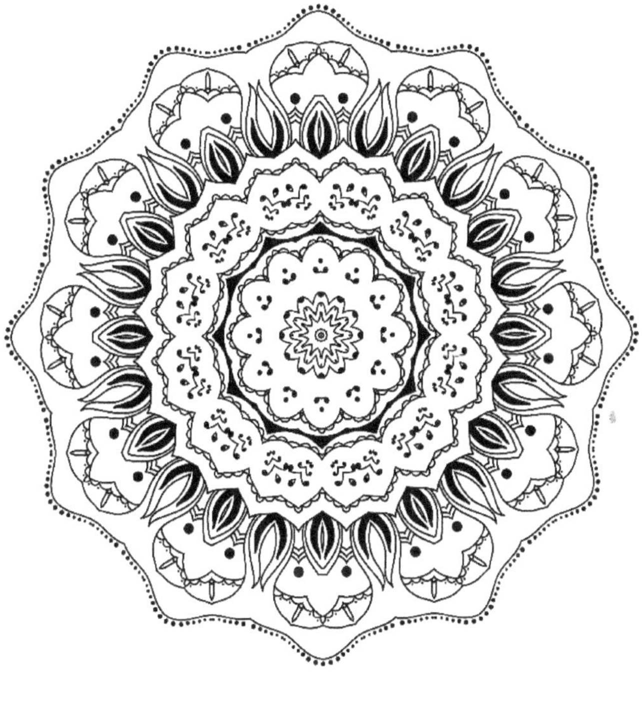

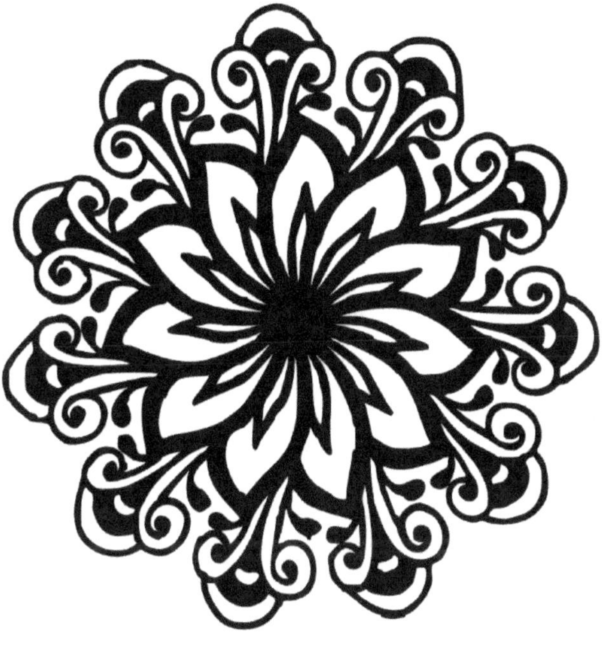

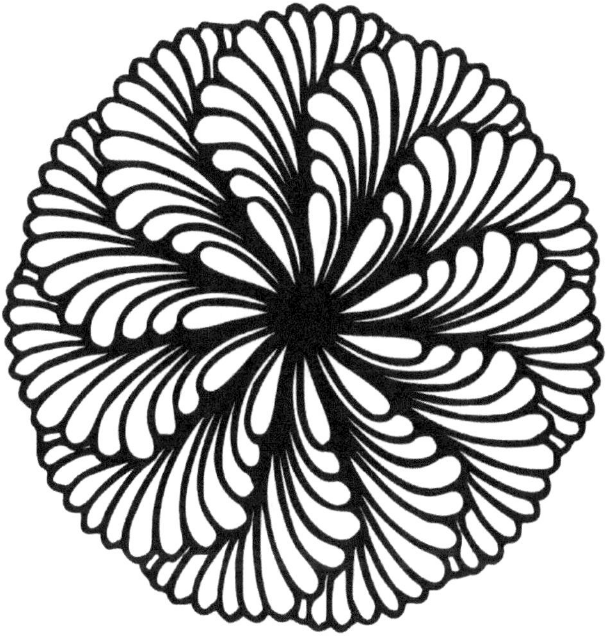

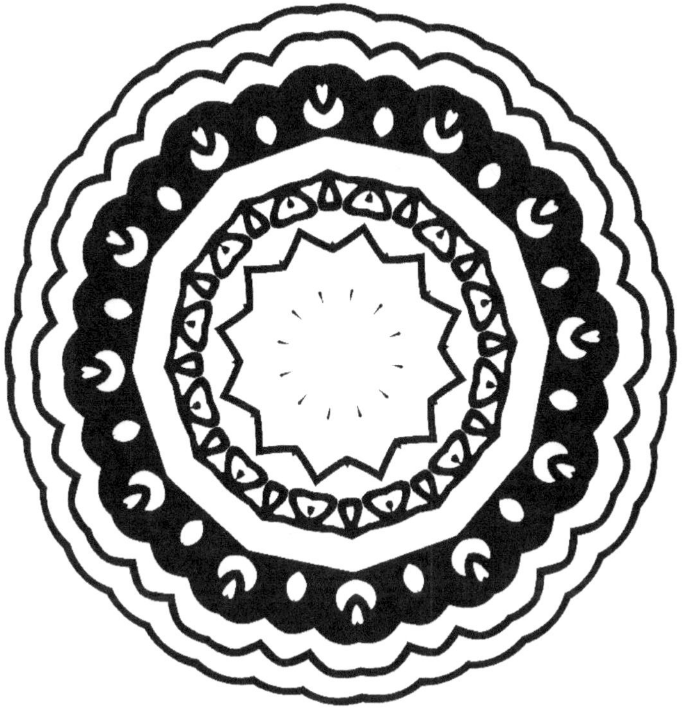

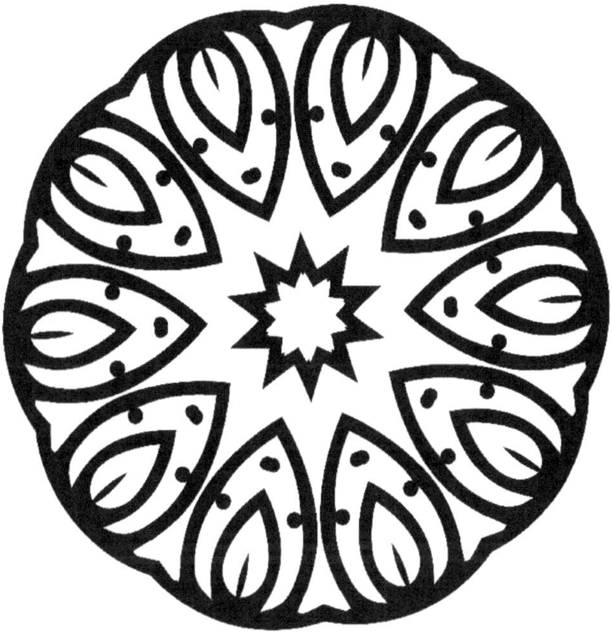

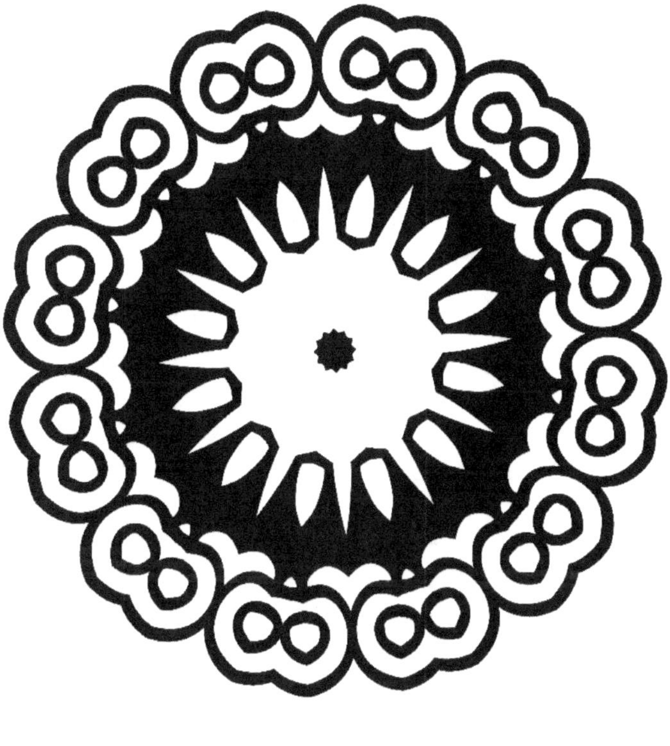

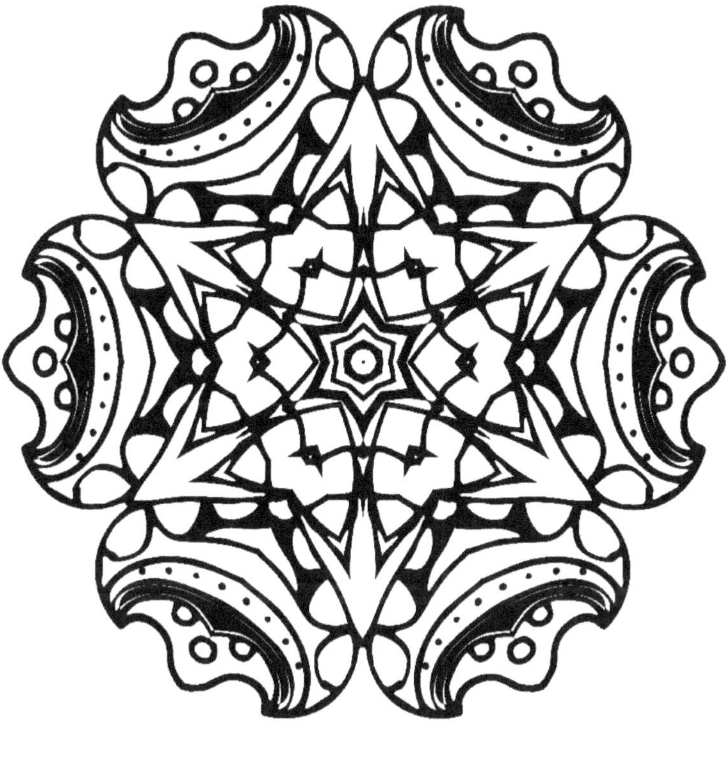

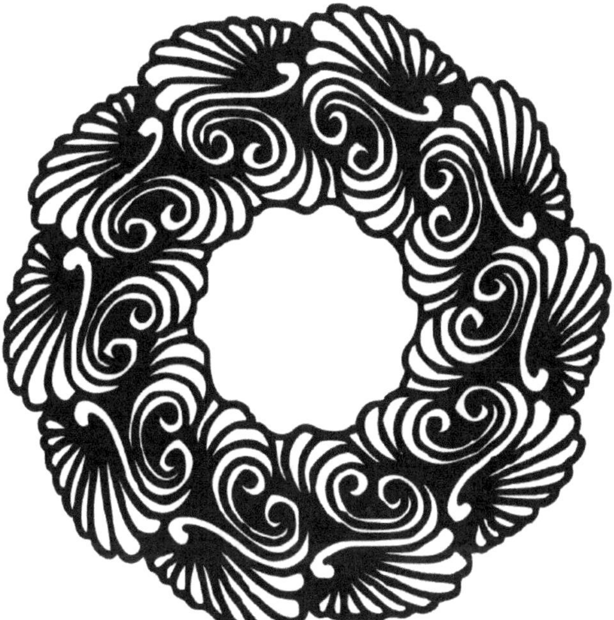

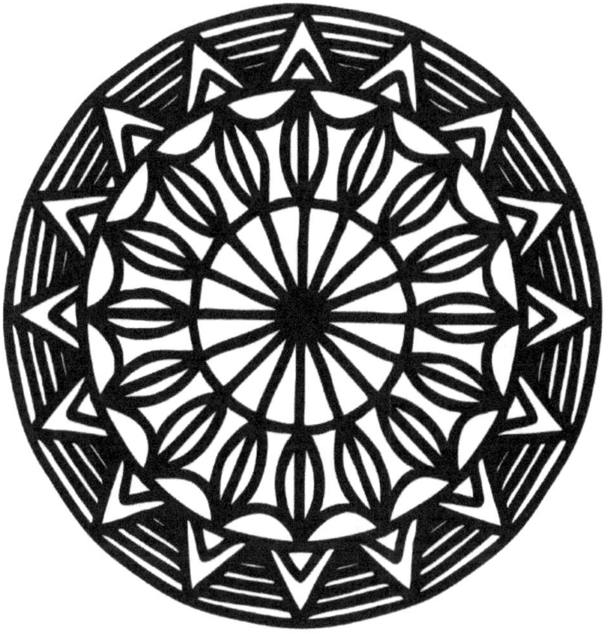

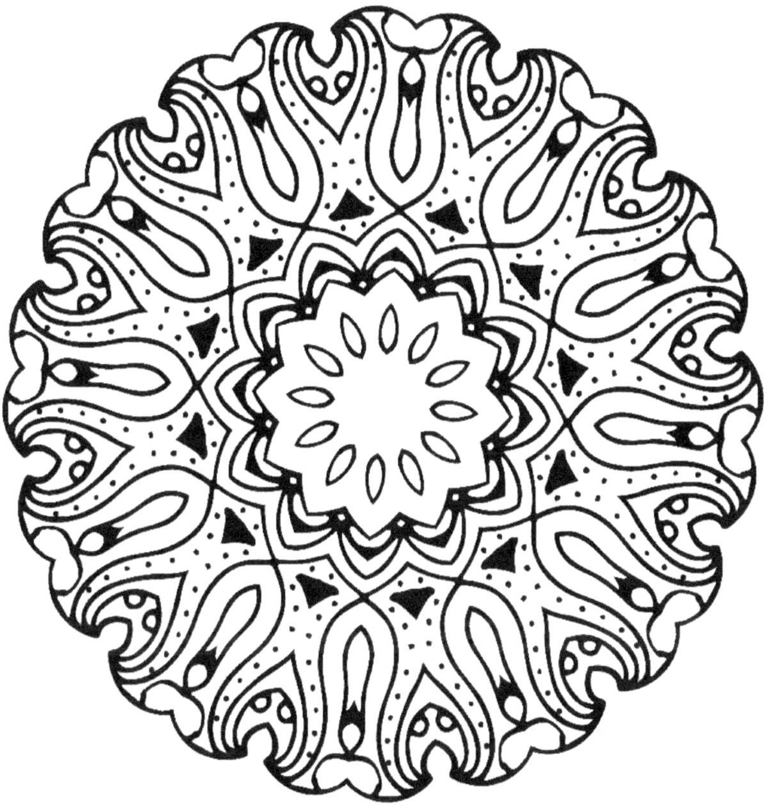

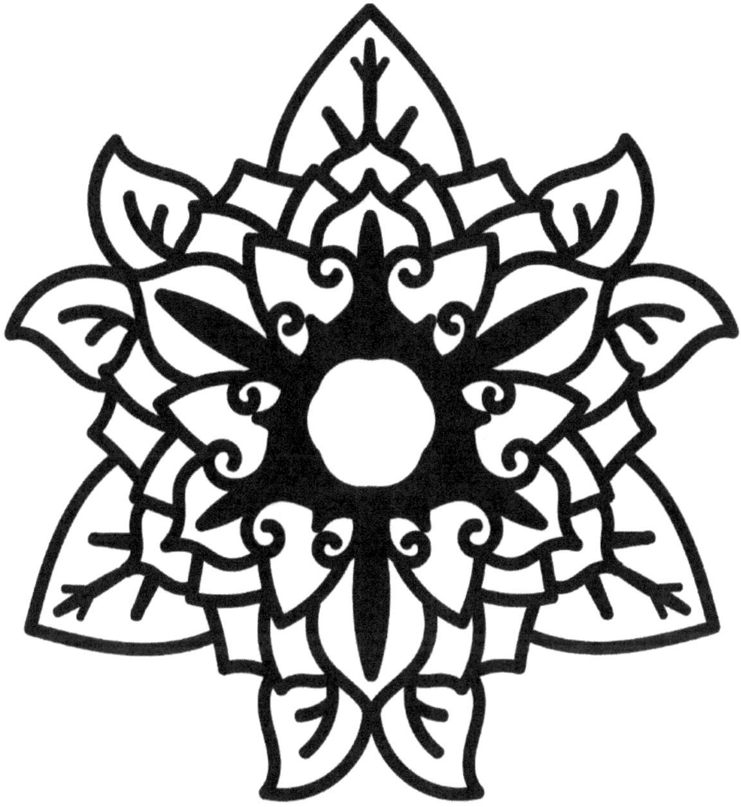

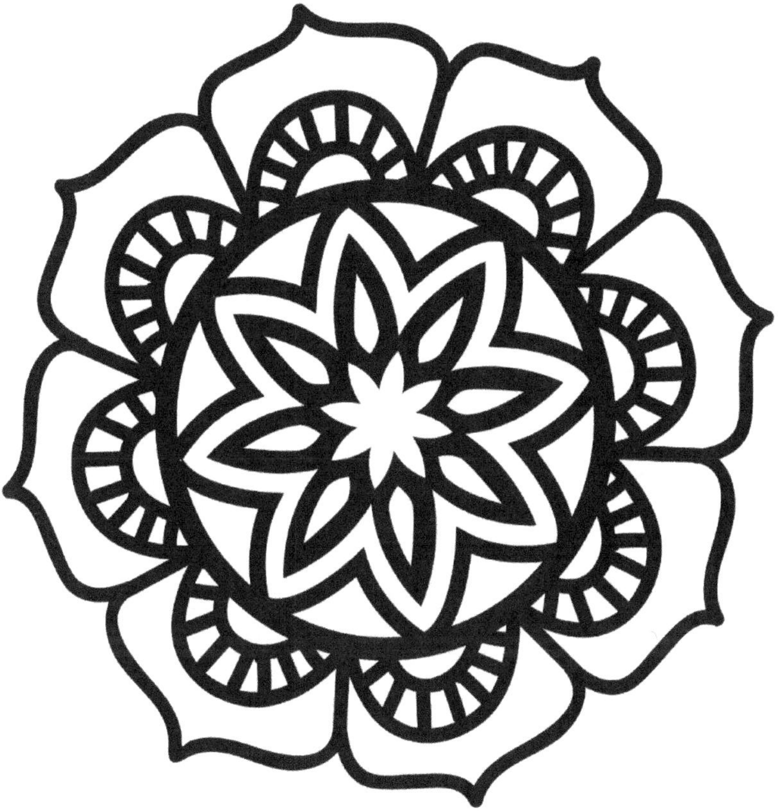

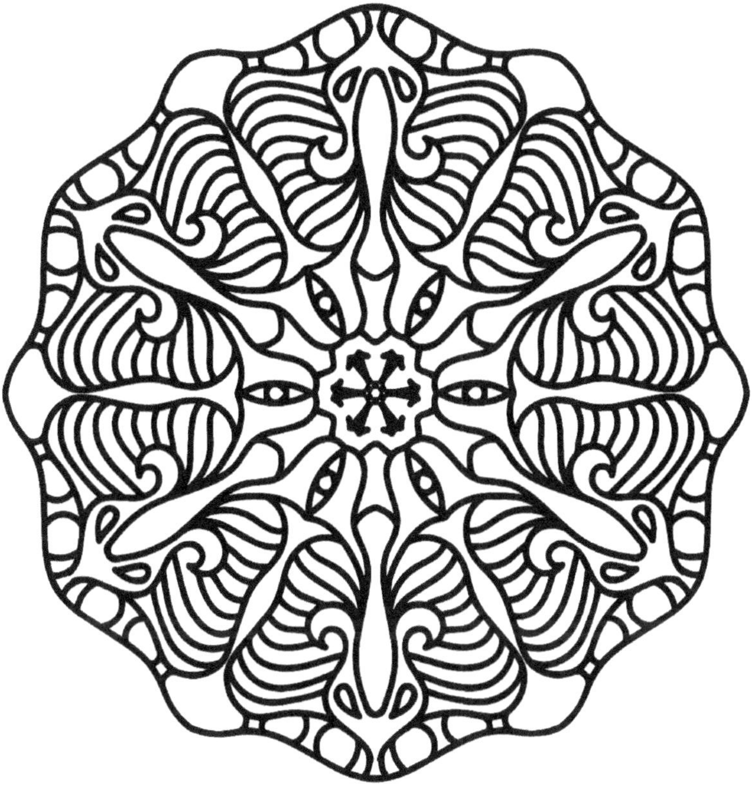

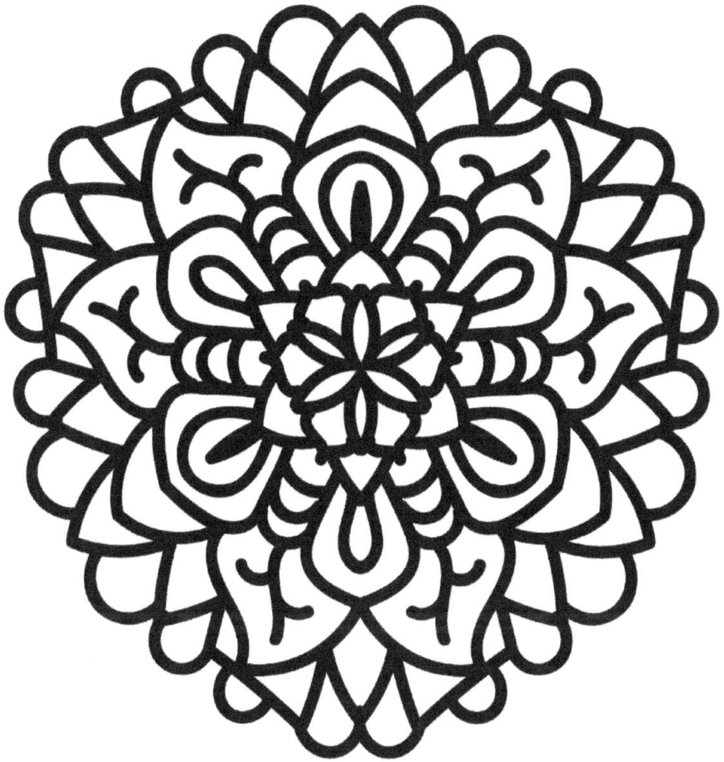

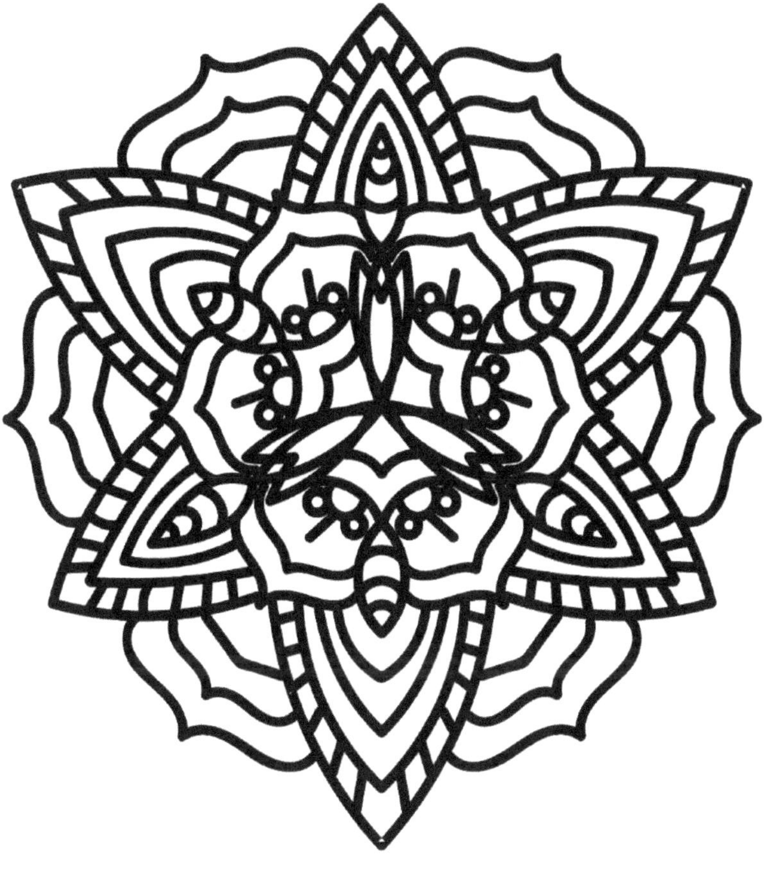

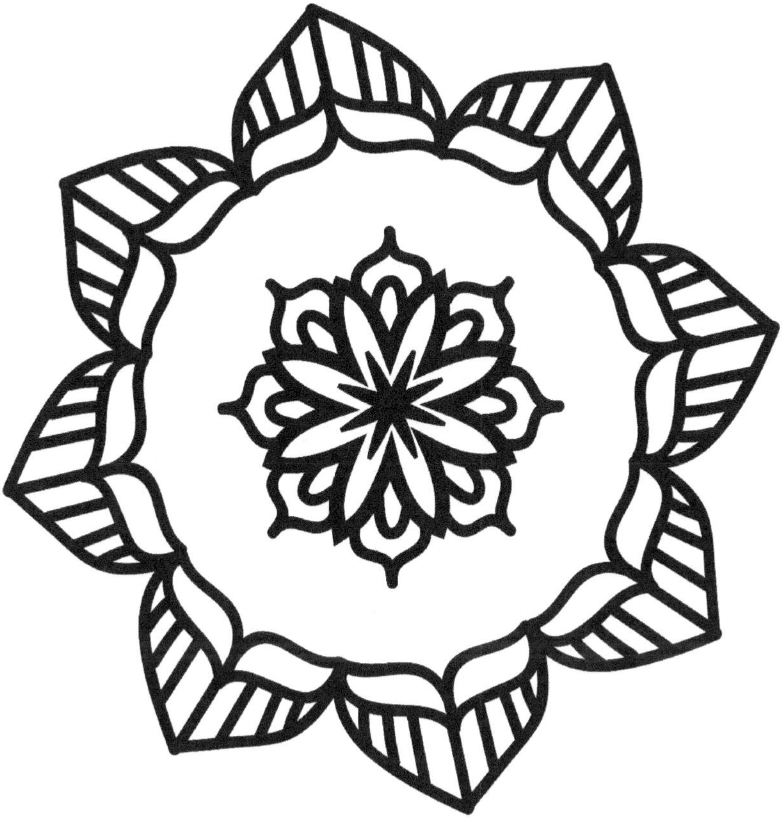

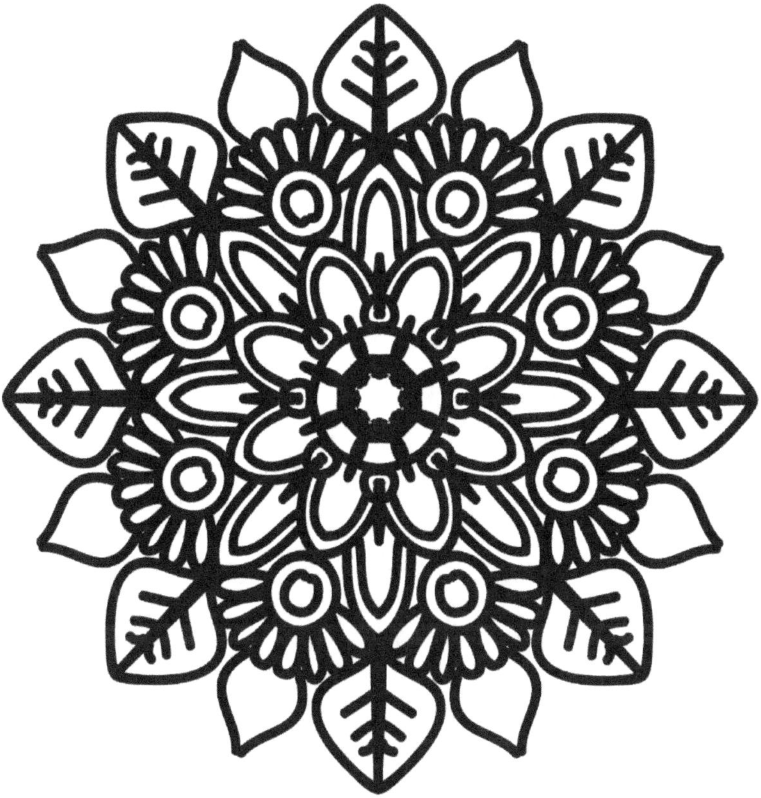

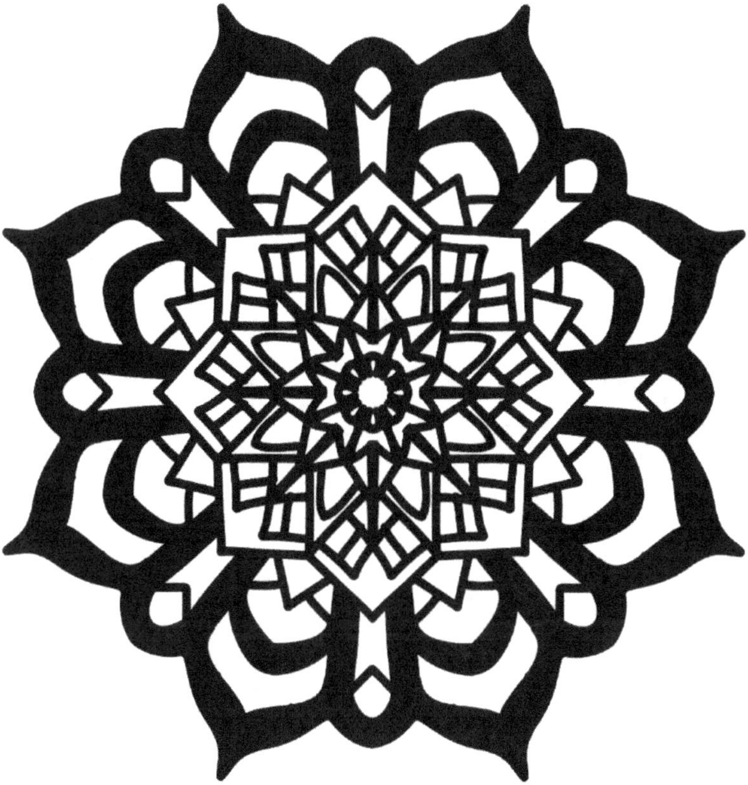

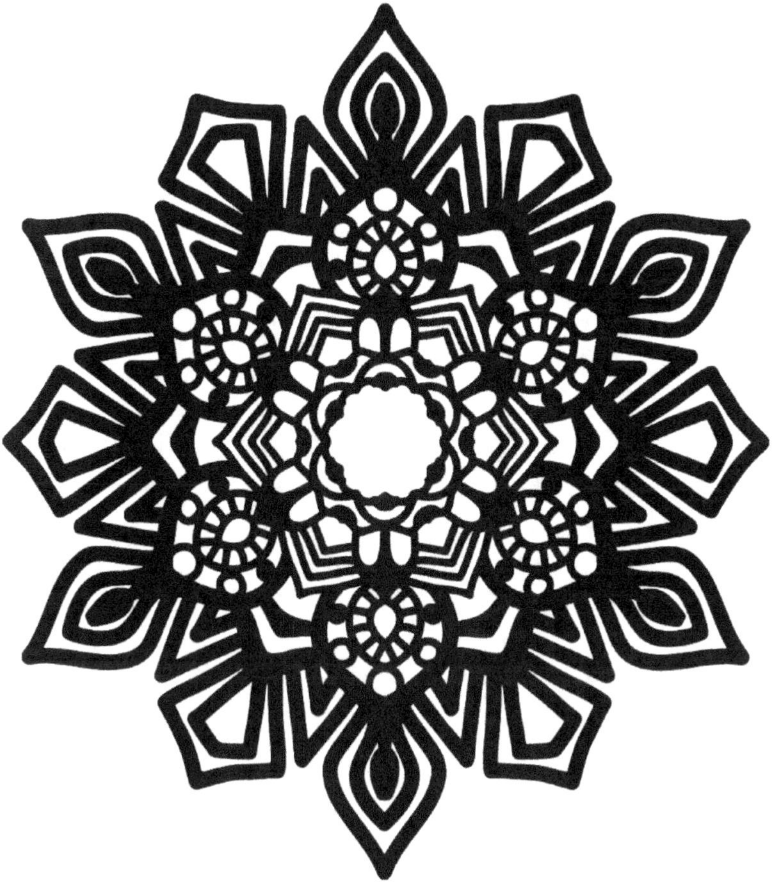

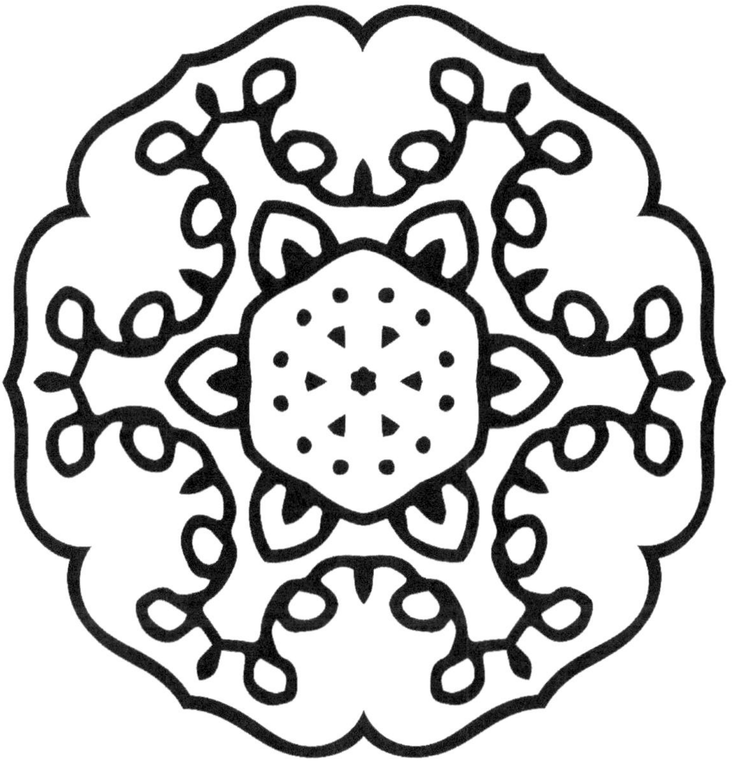

Color Test Page

AMAZING
Color Art.com

Amazing
Media Works
Print and Digital Publishing
www.AmazingMediaWorks.com

Enjoy these great titles and more by Amazing Color Art!

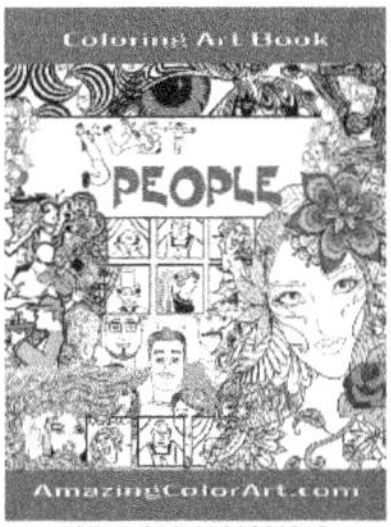

ISBN: 978-1533223913

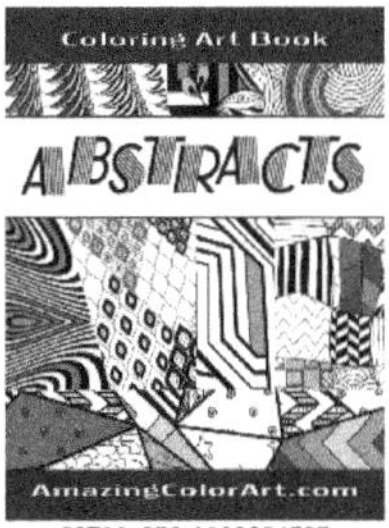

ISBN: 978-1533254757

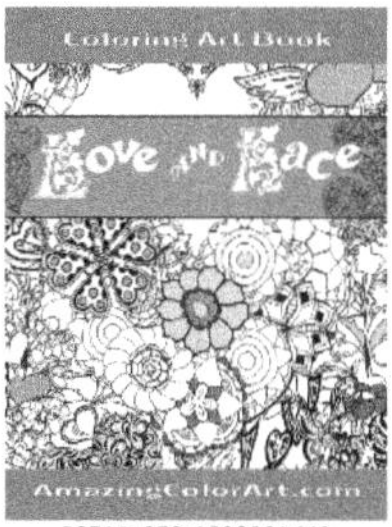

ISBN: 978-1533081643

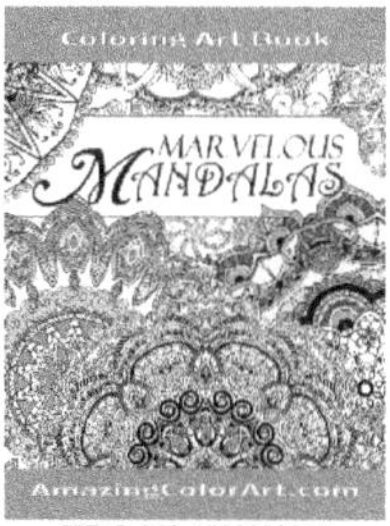

ISBN: 978-1533083265

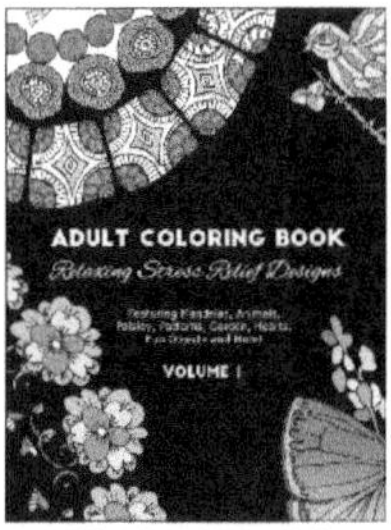

ISBN: 978-1947676053

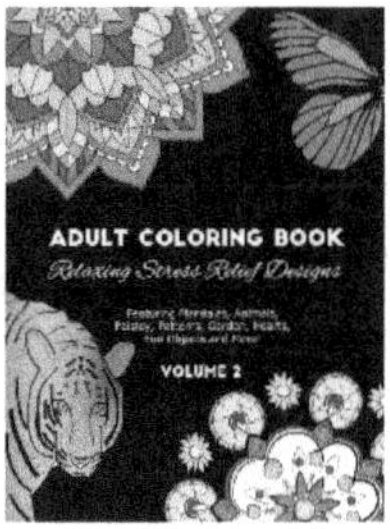

ISBN: 978-1947676060

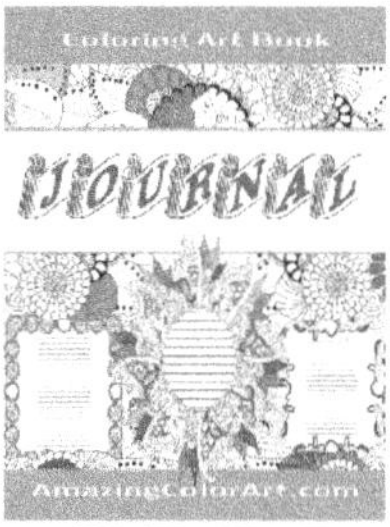

ISBN: 978-1533361608

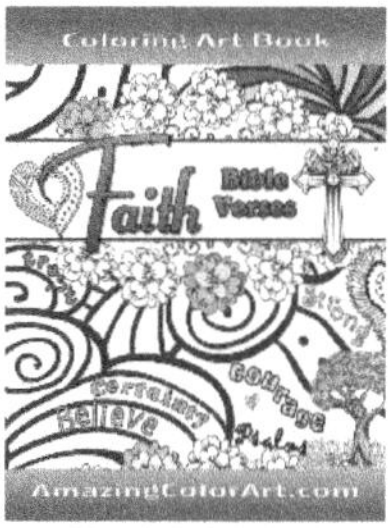

ISBN: 978-1983535413

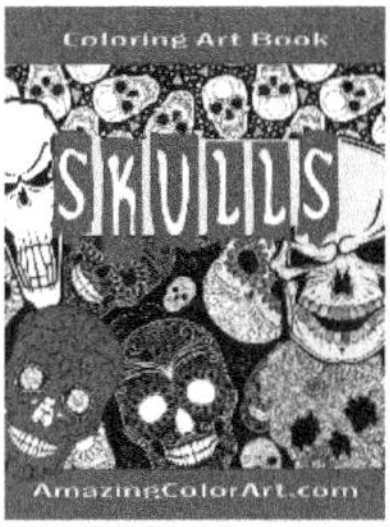

ISBN: 978-1533236340

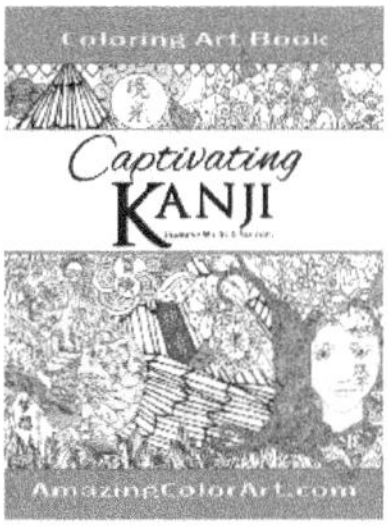

ISBN: 978-1542529143

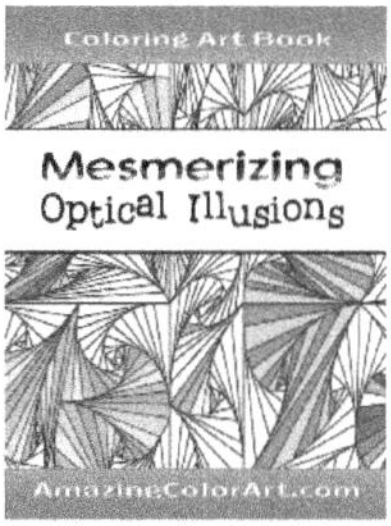

ISBN: 978-1542532648

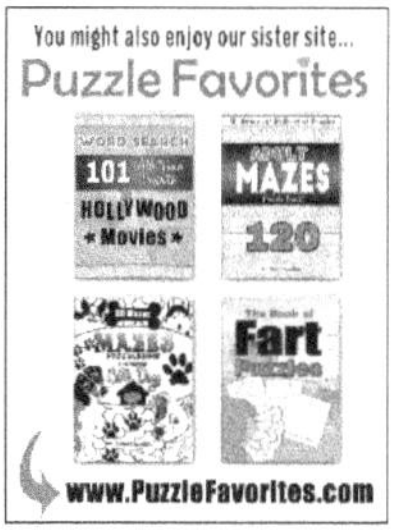